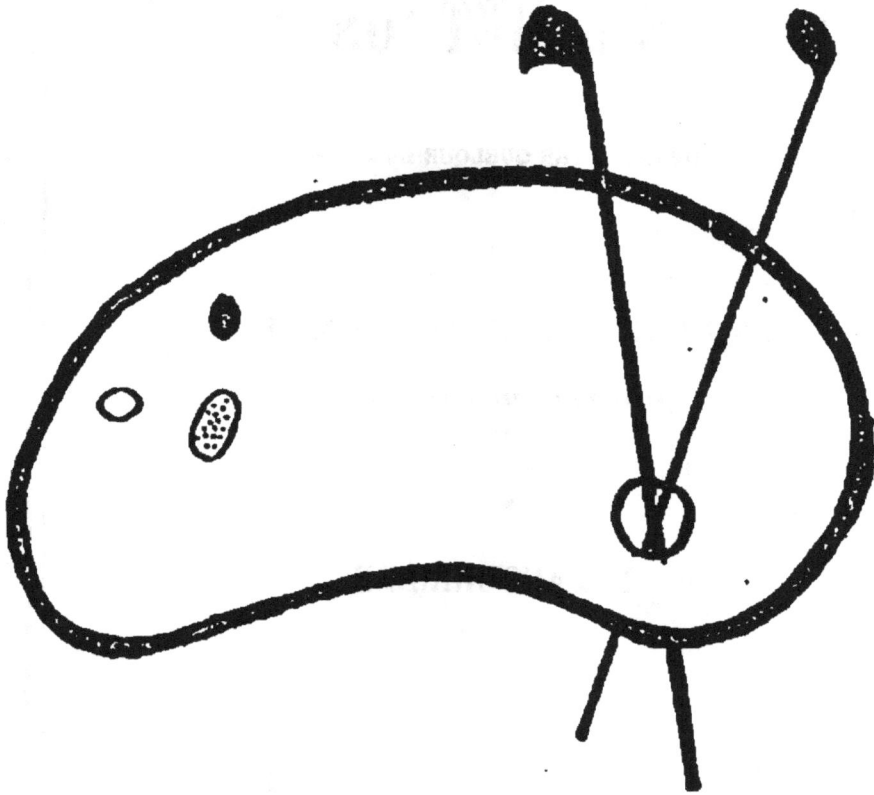

DEBUT D'UNE SERIE DE DOCUMENTS
EN COULEUR

PETIT

COUP D'ŒIL RÉTROSPECTIF

POUVANT JETER QUELQUE LUMIÈRE

SUR LES

TRAVAUX DE RÉPARATION

EFFECTUÉS A L'HOTEL DE LA MAIRIE

PAR

P.-H. LACOURRIÈRE.

BORDEAUX

IMPRIMERIE G. GOUNOUILHOU

11, RUE GUIRAUDE, 11

1866.

Bordeaux. — Impr. G. Gounouilhou, rue Guiraude, 11

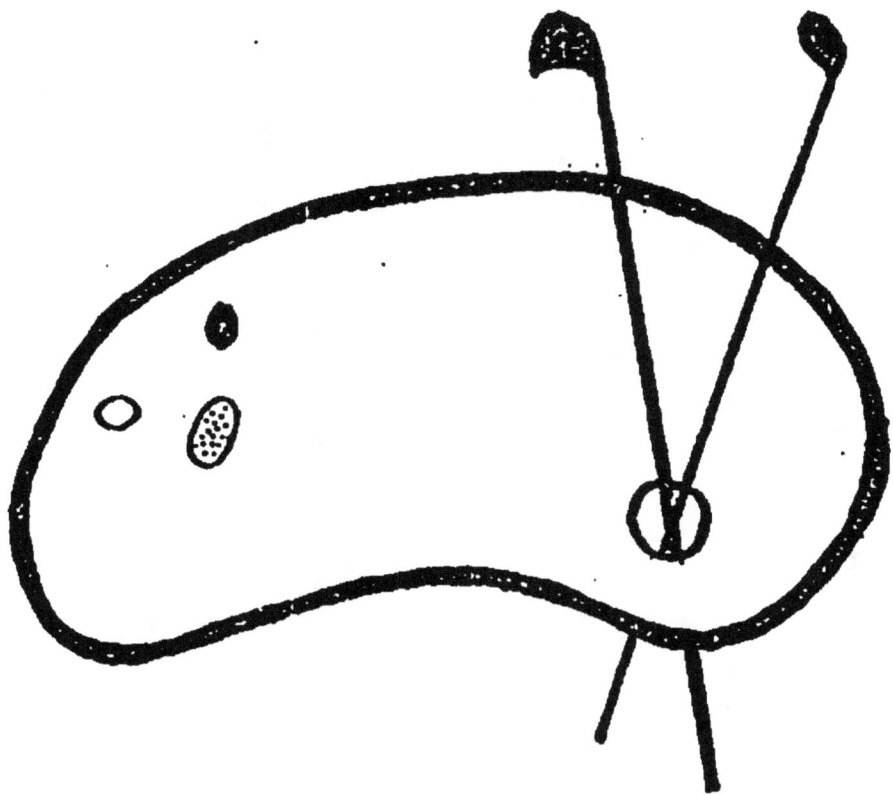

**FIN D'UNE SERIE DE DOCUMENTS
EN COULEUR**

PETIT

COUP D'ŒIL RÉTROSPECTIF

pouvant jeter quelque lumière

SUR LES

TRAVAUX DE RÉPARATION EFFECTUÉS A L'HOTEL DE LA MAIRIE

PETIT

COUP D'ŒIL RÉTROSPECTIF

pouvant jeter quelque lumière

sur les

TRAVAUX DE RÉPARATION EFFECTUÉS A L'HOTEL DE LA MAIRIE

Après avoir entendu M. Laurent, rapporteur de la Commission des travaux publics, *concluant,* à propos de la somme de 41,336 fr. 94 c. *qui a été dépensée en plus des crédits votés* dans les réparations de l'hôtel de la Mairie, *à voter le crédit demandé, tout en appliquant un blâme sévère à l'architecte pour la légèreté avec laquelle les devis ont été faits,* le Conseil municipal a, dans sa dernière séance (3 décembre courant), procédé à la nomination d'une Commission spéciale, dans le but qu'à l'égard de ce dont il s'agit toute lumière soit faite au préalable de la délibération à intervenir.

La situation actuelle ayant, à mes yeux, beaucoup d'analogie avec celle qui en 1855 m'a été si funeste, je crois qu'il serait du plus haut intérêt, pour les contribuables en général et pour la Commission précitée en particulier, de connaître dans tout son contenu le remarquable Rapport de M. Balaresque, en date du 11 février 1856. Vu l'étendue de ce document, je me bornerai à en extraire ici les passages suivants, lesquels sont spécialement relatifs aux dépenses faites *en dehors des crédits votés.*

Exercice 1854.

RESTAURATION DU GRAND-THÉATRE.

M. BURGUET, ARCHITECTE DE LA VILLE.

(Extrait du Rapport de M. BALARESQUE, séance du 11 février 1856.)

« Le Mémoire fourni par M. Faurie........ s'élève à
» 35,240 fr. 37 c.; il a été réduit par l'architecte de la
» ville à la somme de 17,822 fr. 39 c. »

Je fais remarquer que, par délibération en date du 14 septembre 1858, le Conseil de préfecture a arrêté le montant de ce mémoire à 27,038 fr. 11 c.; d'où une somme payée en plus par la ville de 9,215 fr. 72 c. Soit, dès lors, à faire figurer en augmentation... 9,215ᶠ 72ᶜ

« ART. 5. — Cet article a donné lieu à une
» dépense supplémentaire de.............. 1,732 33
   » L'art. 8 se rapporte au chauffage de la
» scène. L'augmentation sur cet article est
» de................................. 1,642 39
   » L'art. 10 a donné lieu à une augmentation de....................... 613 60
   » Art. 11. — L'augmentation est admise. »

Le chiffre de cette augmentation n'étant pas indiqué, je ne peux le faire figurer ici. — P. M.

A *reporter*.... 13,204ᶠ 04

Report..... 13,204ᶠ 04ᶜ

« ART. 13. — Le surcroît de dépense de
» 905 fr. 60 c. n'a rien qui paraisse exa-
» géré..... »

Il doit néanmoins figurer ici............ 905 60

« Il n'en a pas été de même pour l'art. 14...
» L'augmentation dans la dépense prévue
» n'a pas été moindre de.................. 13,498 02
» Les travaux terminés, M. Despléchin a
» fourni ses comptes, qu'il fait monter à la
» somme totale de 85,098 fr. 35 c. M. Burguet
» conteste à la fois et le titre de l'or employé
» et l'exactitude des métrages. Il réduit les
» comptes de M. Despléchin à la somme de
» 53,471 fr. 38 c. Différence, 31,626 fr. 57 c. »

Cette affaire est aujourd'hui réglée. Ce
qui s'est passé pour le Mémoire de M. Faurie
amènerait à admettre que cette différence a
été au moins réduite de moitié. Soit, dès
lors, à faire figurer en augmentation...... 15,000 00

« Vous remarquerez, Messieurs, qu'il ne
» s'agit point ici d'un article ayant donné
» lieu à un travail supplémentaire, mais bien
» *d'un objet entièrement en dehors du devis*
» arrêté pour 1854, et qui a donné lieu à une
» dépense de........................... 586 20
» Le grattage et la réparation des façades
» des cours intérieures, qui font l'objet de
» l'art. 2, *peuvent se justifier par la crainte que*
» *les débris et la poussière produits par ces sortes*

A reporter..... 43,193ᶠ 86ᶜ

» *de travaux ne pénétrassent jusque dans l'inté-*
» *rieur de la salle nouvellement décorée*..... La
» dépense s'est élevée à..................... 805 25

» Cette voûte était en mauvais état..... La
» dépense, au reste, ne s'est élevée qu'à la
» somme modique de..................... 296 57

» Jointoiement au mastic d'hill des joints
» du dallage et des marches et plafonds des
» escaliers............................. 307 01

» *Nous répéterons une fois pour toutes que*
» *pour ces travaux non prévus au budget et jugés*
» *utiles en cours d'exécution, une demande collec-*
» *tive aurait dû être adressée au Conseil.*

» Construction des loges d'aisances pour
» les comparses.

» Les anciens lieux des comparses, placés
» au pied d'un escalier de service dans une
» cave privée d'air et de lumière, répandaient
» une odeur infecte dans toutes les dépen-
» dances de la scène. Il fallait absolument
» remédier à un pareil état de choses, *et la*
» *difficulté seule ae trouver un emplacement*
» *convenable aurait empêché* cette dépense do
» figurer au budget.

» En cours d'exécution, à la suite de quel-
» ques modifications obligées dans les dispo-
» sitions prévues pour les fosses d'aisances
» des loges supérieures et du corps-de-garde
» des pompiers, *on entrevit une solution heu-*
» *reuse à cet important problème.* L'Administra-
» tion n'hésita pas à prescrire de suite les

Report..... 44,602ᶠ 69ᶜ

» travaux nécessaires. Ils se sont élevés à la
» somme de.......................... 749 79

   » Voilà une longue série d'objets *omis dans*
» *le devis primitif.* Nous ne contestons pas
» leur utilité; mais il nous semble *qu'au pre-*
» *mier tort de les avoir oubliés, on n'aurait pas dû*
» *ajouter le tort plus grand de les faire exécuter*
» *sans autorisation préalable.*

   » Quoi qu'il en soit, la dépense pour ces
» objets s'est élevée à la somme de........ 1,840 39

   » Encore un article prévu dans le devis,
» *mais dont l'exécution avait été ajournée.*

   » ..... La dépense s'est élevée à.......... 1,021 80

   » La délibération qui a ordonné l'ouver-
» ture de deux portes..... a entraîné la sup-
» pression des guichets..... et donné lieu à la
» dépense de cet objet, qui s'est élevée à.... 1,866 31

   » Le prolongement du plancher de la
» scène..... a donné lieu à une dépense *non*
» *prévue* par le budget, qui s'est élevée à.... 927 52

   » Ces peintures supplémentaires ont néces-
» sité dans les lieux d'aisances un surcroît
» de dépense dans le compte du peintre, qui
» s'élève à............................. 4,712 56

   » *Ce n'est pas tout.* Ces peintures ont néces-
» sité..... des enduits en plâtre bâtard, qui
» ont coûté............................. 241 25

   » *Ce n'est pas tout encore.* Ce surcroît de
» décoration a nécessité l'établissement de
» corni   ..... La dépense a été de........ 538 57

   (votre) mission, Messieurs, ne peut

A reporter.... 56,500ᶠ 88ᶜ

» s'empêcher de manifester ici son méconten-
» tement pour un surcroît de dépense *que rien*
» *n'autorisait, et dont certaines parties ne pour-*
» *raient que difficilement être justifiées.*

» On comprend le luxe des marbres et des
» faux-bois dans les galeries du Théâtre con-
» duisant aux premières places. *Mais dans le*
» *foyer des musiciens! Mais jusque dans les*
» *lieux d'aisances!* Nous doutons fort que si le
» Conseil municipal eût été consulté, *il eût*
» *donné son assentiment à de pareilles dépenses!*

» Article *non prévu*, dont la dépense s'est
» élevée à 3,207 18

» Non seulement cette dépense, qui n'est
» pas moindre de 1,990 fr. 60 c., *n'a jamais été*
» *autorisée*, mais encore *il serait sans doute*
» *bien difficile de la justifier*............... 1,990 60

» Les galeries sont faites pour la circula-
» tion; tout ce qui peut la gêner ou l'arrêter
» doit en être banni. *Ce n'était certes pas la*
» *place de somptueux divans, ni de glaces, dont*
» *le prix seul s'élève à 900 fr. Luxe inconnu,*
» *même dans les grands théâtres de la capitale.* »

Le rapport ne mentionne pas si ce chiffre
est total. Soit, dans tous les cas........... 900 00

« Nous n'avons aucune observation à faire
» sur cette dépense, qui, du reste, ne s'est
» élevée qu'à la somme de................ 170 70

» Ces deux articles, qui, du reste, peuvent
» avoir leur utilité, *ne figurent pas sur le devis,*

9

» *et n'ont été commandés par personne. C'est par*
» *erreur que l'entrepreneur a cru qu'ils lui*
» *auraient été demandés.* »

Le Rapport ne mentionne pas ici le chiffre
de la dépense. — P. M.

« Cet article s'élève à 947 fr. 09 c. Nous
» croyons qu'il était utile et nécessaire ;
» *mais il aurait dû figurer sur le devis général.*   947 09

» Nous ne pouvons que féliciter notre ar-
» chitecte sur la richesse et le bon goût
» déployés pour la décoration de cette loge
» (celle de la Mairie), qui, *par un oubli diffi-*
» *cile à comprendre, ne figurait pas sur le devis*
» *général.* La dépense s'est élevée à 1,410 30
» *Sans y comprendre* le compte particulier
» de M. Despléchin, qu'il fait monter à
» 2,120 fr. !

» La dépense est de 144 fr. 07 c. Votre
» Commission *regrette que l'architecte n'ait pu*
» *donner à ces entrées une apparence moins dis-*
» *gracieuse* 144 07

» Cet article comprend plusieurs genres
» de travaux..... Ils s'élèvent ensemble à la
» somme de...........................   1,584 02

» Restauration des grilles de la cage du
» grand escalier, des grilles..... Dépense
» générale............................   404 45

» Portières en velours..... Cet article sup-
» plémentaire s'élève à................   5,220 00

» L'Administration s'étant engagée dans

A reporter ... 72,479ᶠ 29ᶜ

Report..... 72,479ᶠ 29ᶜ

» un surcroît imprévu de luxe et d'ornements,
» a regardé cette dépense comme nécessaire.
» Mais *on doit regretter* que le Conseil munici-
» pal n'ait pas été associé à ces détermina-
» tions, *entièrement omises dans les projets qui*
» *lui ont été soumis.*

   » Tablettes en acajou..... Dépense........   523 25
   » Cette modification, reconnue nécessaire,
» a donné lieu à une dépense de..........   428 30

   » Le devis *prévoyait* pour les loges grillées
» l'achat de chaises à 12 et 15 fr., *ce qui suffi-*
» *sait certainement.....*

   » Ce mobilier *a été arbitrairement remplacé*
» par des chaises à 21 et 40 fr., et deux divans
» à 100 fr.

   » Le mobilier des loges grillées nᵒˢ 27 et
» 17 est compté à part, et figure *à lui seul*
» pour une somme de 460 fr.

   » *La différence avec le devis,* pour le cha-
» pitre entier, est de.....................   1,173 00

   » Le mobilier des loges du général, du
» préfet et du Cercle *n'avait pas été compris*
» *dans les prévisions du devis, — oubli assez*
» *étrange assurément, mais auquel il a fallu*
» *remédier au moyen d'une dépense supplémen-*
» *taire de* 2,185 25

   » Le mobilier des loges du Cercle et de la
» Mairie *avait été, lui aussi, laissé en dehors*
» *des prévisions du devis.*

   » Le tout ensemble a coûté.............   2,135 00
   » Des chaises à 20 fr. et des divans à

A reporter.... 78,924ᶠ 09ᶜ

Report..... 78,924ᶠ 09ᶜ

» 100 fr. ont remplacé, dans les salons des
» loges à location, les chaises à 12 fr. portées
» dans le devis. La différence s'élève à...... 648 00

   » Il faut ajouter 1,033 fr. 40 c. pour le prix
» des housses.......................... 1,033 40

   » L'éclairage extraordinaire..... a été pres-
» que exclusivement *nécessité par les travaux*
» *supplémentaires* que nous venons d'énu-
» mérer.

   » Il s'est élevé à la somme de........... 2,644 84

       Ensemble............... 83,250ᶠ 33ᶜ

Mais, par suite de lacunes que de mon chef
il ne m'a pas été permis ci-avant de combler,
l'ensemble réel est de..................... 98,828ᶠ 26ᶜ

Selon les conclusions de M. Balaresque, que résument
ces mots :

   » Il ne nous reste plus, Messieurs, qu'à vous faire
» connaître les propositions de votre Commission pour
» couvrir *le surcroît de dépense, qui s'élève à la somme totale*
» *de 98,828 fr. 26 c.*, en y comprenant les 1,250 fr. du
» mobilier du salon de la loge municipale. »

Et encore à cette somme de........... 98,800ᶠ 00ᶜ
ne faut-il pas ajouter ce que M. Balaresque
ne pouvait prévoir, d'une part les 9,200 fr.
payés en plus au sieur Faurie, et d'autre
part les 15,000 fr. qu'on aura dû payer éga-
lement en plus au sieur Despléchin ; ensemble, au moins......................... 24,200 00

Et l'on arrive à la somme énorme de.... 123,000ᶠ 00ᶜ

Tel est donc le surcroît officiel de dépense qu'ont entraîné les travaux effectués en 1854, sous la direction *unique* de M. Burguet, architecte de la ville.

Et maintenant un extrait de mon Mémoire en Cour impériale (1860) complètera les renseignements authentiques, relativement à ce qui nous occupe.

On lit, en effet, dans ce Mémoire imprimé et non supprimé :

« Il n'est pas, croyons-nous, déplacé de donner un
» aperçu, en chiffres ronds, de ce qu'a produit la saga-
» cité de M. Burguet.

» Soit pour un ensemble de travaux exécutés au
Grand-Théâtre, en 1853 et 1854.......... 500,000^{f}00^c

» Soit pour les crédits y afférents....... 364,400 00
                                          _____
» Il résulte un déficit de.............. . 135,600^{f}00^c
» qui se décomposent ainsi :

» Soit pour la dépense faite en dehors
» des devis votés par le Conseil muni-
» cipal......................... 55,800^{f}00^c

» Soit pour l'excédant des
» comptes des sieurs Faurie et
» Despléchin, en prenant, vu ce
» qui s'est passé pour le sieur
» Faurie, la moyenne entre les
» règlements de l'architecte et
» les sommes réclamées par les
» entrepreneurs, ... 24,000 00

» Soit pour le boni résultant
» des rabais des entrepreneurs,
                            _____   _____
              A reporter .... 79,800^f 00^c 135,600^f 00^c

Report..... 79,800ᶠ 00ᶜ 135,600ᶠ 00ᶜ

» autres que les sieurs Faurie et
» Despléchin 20,000 00
  » Soit pour les dépenses sup-
» plémentaires auxquelles ont
» donné lieu les travaux régu-
» lièrement votés, et y compris
» les sommes à valoir portées
» dans les devis............... 35,800 00

    » Somme égale............. 135,600 00

» De travaux faits, *soit en dehors des prévisions des devis*
» *votés par le Conseil municipal, soit même en dehors de tout*
» *devis,* non compris d'ailleurs les remises de droit
» faites à l'architecte pour l'ensemble de la dépense.
  » Ainsi, poursuit le Mémoire, M. Burguet exécute des
» travaux qui se traduisent en des dépenses énormes,
» et, pendant l'exécution, il ne trouve pas le temps de
» faire des devis, ne fussent-ils que sommaires. M. Bur-
» guet ne croit pas nécessaire d'être autorisé par un
» vote du Conseil municipal. M. Burguet veut marcher
» seul dans une voie si déplorable; car, il ne faut pas
» l'oublier, l'Administration ne saurait être mise en
» cause : elle est irresponsable. Et puis, l'Administration
» ne peut penser aux devis à dresser si son architecte
» n'y pense pas. Il n'est donc ici question que de l'agent,
» lequel, comme agent, est responsable de ses actes, et
» d'autant plus qu'il s'agit des deniers d'une ville. On a
» peine à croire qu'agent responsable de l'Administra-
» tion, M. Burguet n'ait pas le moins du monde songé
» qu'il aurait à *rendre compte tôt ou tard* de deniers
» communaux engagés *avec une telle légèreté,* que, selon

» le Rapport de M. Balaresque, il *serait bien difficile de*
» *justifier certaines dépenses* afférentes aux travaux dont
» il s'agit. Seule, l'inexpérience administrative de
» M. Burguet pourrait expliquer ce fait : elle ne saurait
» en donner la raison. »

Devant les résultats *chiffrés* qui viennent de passer
sous les yeux, il serait presque déplacé de faire la
moindre réflexion. M'en abstenir étant d'ailleurs pour
moi un devoir de générosité, je ne saurais y faillir.

P.-H. LACOURRIÈRE.

Bordeaux, le 7 décembre 1866.

Bordeaux. Imprimerie G. Gounouilhou, rue Guiraude, 11.

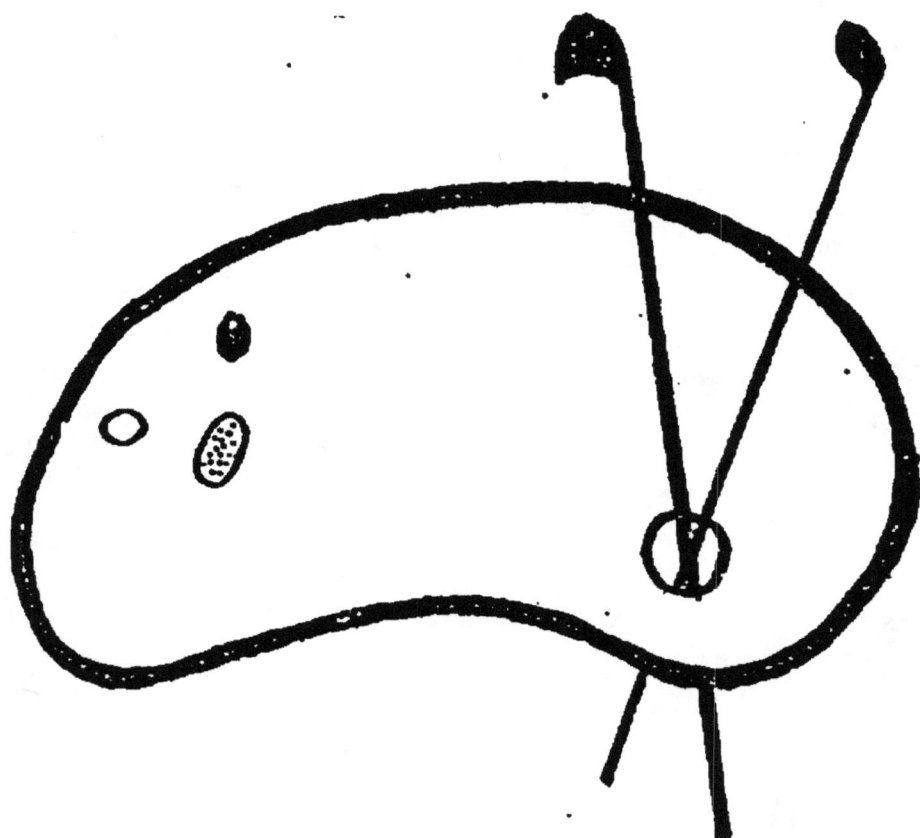

www.ingramcontent.com/pod-product-compliance
Lightning Source LLC
Chambersburg PA
CBHW070754280326
41934CB00011B/2930